L'ORACLE DE l'Union Sacrée

De la même auteure, parus chez le même éditeur

Active ta super étoile, 2024.
Oracle de la magie de Noël, 2023.
La Respiration magique, 2022.
Dame la terre, 2022.

Textes : Alexandra Célérault.
Illustrations : © Steffi.
Création maquette et mise en pages : Bénédicte Souffrant – PCA CMB.

ISBN : 978-2-38578-082-1

www.editions-tredaniel.com
info@guytredaniel.fr
www.facebook.com/tredanieleso
@tredaniel_eso

Alexandra Célérault
Illustré par Steffi

L'ORACLE DE l'Union Sacrée

Mon âme et moi

GOOD MOOD DEALER
By EXERGUE

27, rue des Grands-Augustins
75006 Paris

Sommaire

Les cartes

Introduction

Parce qu'Amour et humour vont de pair, mais que l'humour nous manque cruellement, j'ai eu l'élan de créer un oracle différent de ce que tu peux voir dans l'Univers de la spiritualité, mêlant l'humour et l'Amour... afin de t'accompagner à aimer tes vulnérabilités, à aimer t'aimer dans toutes tes facettes, ton entièreté et surtout aimer rire de toi-même.

Car derrière le rire... c'est la lumière de l'âme qui peut s'infiltrer !

Grâce à ton sens de l'humour, tu peux trouver le détachement, la distance nécessaire te permettant de démasquer avec indulgence et compassion ce qui te fait défaut : ton ego... et d'ouvrir enfin la porte de ton cœur.

Il y a, au creux de toi, une présence qui sourit, un rire merveilleux qui dissout toutes les ombres, toutes les douleurs, toutes les souffrances et qui ressent une joie infinie à se regarder vivre.

Je t'invite dès à présent à la rencontrer !

Lâche ton costume « sérieux ».

Rentre en toi, dans ce soleil intérieur du rire de ton âme.

Amuse-toi, à rire de tout, à rire de toi.

Joue pour te laisser jouer avec la vie.

Et vis, maintenant !

Comment utiliser cet oracle ?

Je te propose trois tirages pour te relier à ton âme et te laisser inspirer par la force de sa lumière.

Selon les tirages, il te suffit de lire le message soufflé par l'âme pour toi, ou bien de te rendre directement dans le livre pour passer à « la clé pratique » et manifester ce à quoi ton cœur aspire.

Chaque carte comporte également ses mantras, ils sont au nombre de trois afin que tu puisses piocher celui qui résonne pour toi lors de ton tirage.

En récitant ton mantra, tu crées une onde, une musique qui résonne depuis ton cœur, se répand dans l'Univers et invoque l'énergie capable de t'aider ici et maintenant.

Mantra de l'Univers

Tu peux, si tu le souhaites, compléter ton tirage en piochant une carte « mantra de l'Univers », ou tout simplement tirer uniquement une carte « mantra de l'Univers » comme étant le message essentiel, l'intention de ta journée ou de ta semaine.

Les tirages

Le tirage

« VIVE LA SPONTANÉITÉ ! »

Tu as une question précise ?

Prends de grandes respirations, pose toute ton intention sur la question en mélangeant les soixante-six cartes.

Tu peux être attiré·e par une carte lors de ton mélange magique. C'est la réponse, elle est là sous tes yeux !

Sinon, dispose les cartes faces cachées devant toi, selon ton envie du moment. Choisis-en une !

Et découvre la réponse.

Le tirage

« 360 DEGRÉS »

Tu veux faire un tour d'horizon de toi-même ?

Et être rassuré·e sur ce qui se trame à l'intérieur de toi.

Prends de grandes respirations, pose toute ton attention sur la question en mélangeant les soixante-six cartes.

Dispose les cartes faces cachées devant toi, selon ton envie du moment.

Choisis-en trois et découvre ce que chacune d'elles représente.

1. Ton passé : la phase que tu viens de vivre et l'énergie dans laquelle tu étais.
2. Ton présent : ton message du moment et l'énergie qui t'accompagne pour avancer vers ce à quoi tu aspires.
3. Ton futur : ce qui se trame pour toi, l'énergie qui te soutient et que tu dois continuer de nourrir pour te mener dans la direction souhaitée.

Le tirage

« ASCENSION »

Tu veux aller plus en profondeur sur un thème ? Une question particulière ?

Tire trois cartes, ce sont tes « trois *steps* » : trois exercices concrets te sont proposés dans le livre explicatif, comme un défi à relever directement dans ton quotidien pour dépasser l'obstacle du moment et/ou cheminer vers ce à quoi tu aspires.

Prends de grandes respirations, pose ton intention sur la question en mélangeant les quarante-six cartes.

Dispose les cartes faces cachées devant toi, selon ton « ascension » du moment.

Choisis-en trois et découvre ce que chacune d'elles représente.

1. Premier *step* : ton premier défi à relever chaque jour durant une semaine afin que tu intègres cette nouvelle énergie pour passer au *step* suivant.
2. Deuxième *step* : ton deuxième défi à relever chaque jour durant deux semaines pour développer et déployer ce nouveau potentiel vibratoire.
3. Troisième *step* : ton troisième défi à relever chaque jour durant trois semaines pour récolter les fruits de tes efforts. Prépare-toi à recevoir des cadeaux !

La présentation des sept familles de cartes

Vous trouverez dans cet oracle quarante-deux cartes réparties en sept familles :

- Famille « Aie confiance » / Symbole Soleil
- Famille « L'âme et moi » / Symbole Couronne
- Famille « *Good vibes* » / Symbole Arc-en-Ciel
- Famille « À fond hypersensible ! » / Symbole Vague
- Famille « Maître de mes pensées » / Symbole Clé
- Famille « *Self-love* » / Symbole Cœur
- Famille « 100 % intuition » / Symbole Troisième Œil

Les cartes

FAMILLE

« Aie confiance »

I

Saut dans l'inconnu

Parfois, rien ne se passe comme ta petite personne l'avait prévu, mais tout se passe comme c'était prévu. Et ce n'est qu'à ce moment-là que tu peux réellement découvrir les cadeaux que le divin a déposés pour toi sur ton chemin.

Alors… vas-y… c'est le moment, saute vers ton UN-connu !

Aie confiance, tu es accompagné·e et soutenu·e.

La clé pratique

En ce moment, tu as la sensation que des portes se sont fermées à toi pour que tu puisses ouvrir celles auxquelles tu ne t'attendais pas... Pourtant, même si tu ne le vois pas encore, ces portes correspondent aux aspirations de ton cœur.

Je te propose de t'ouvrir pleinement à la vie et de lui faire confiance au lieu de rester focus sur ce que tu n'as pas, ce que tu as perdu ou pourrais perdre en faisant ce grand saut. Dis « *bye-bye* » au *drama* ! *Viva la libertà* d'être toi !

Prends une feuille, imagine et note tous les cadeaux que la vie pourrait t'apporter sur ton chemin en sautant dans cet inconnu (notes-en au moins dix). Ces cadeaux ne dépendent pas de toi mais sont apportés par la grâce de la vie, par exemple des synchronicités, des dons, des aides extérieures.

En les posant sur cette feuille, tu vas sûrement trouver des idées nouvelles auxquelles tu n'avais pas pensé, et, en y pensant, tu viens de créer de nouvelles possibilités et de te prouver que tout est possible.

Mantras

« Je suis en sécurité lorsque je laisse la vie
en moi me guider et s'exprimer librement. »

« Quand je saute vers l'inconnu, je dis OUI à la vie et je scelle ce pacte d'absolue confiance avec elle. Je lui rends grâce. »

« Je crois aux rendez-vous de ma destinée. »

2

Peau neuve

Bravo ! Tu as réussi à faire peau neuve ! Continue de laisser cette confiance se lover en toi et t'envelopper. Tu as opéré de grands changements intérieurs dernièrement, et la fin de ta mue guérisseuse est arrivée. Observe à présent la façon dont tu penses différemment pour mieux agir. Tu peux maintenant t'autoriser le meilleur... Ose transpirer, habiter pleinement ce que tu veux avec tout ton corps et ton cœur et envole-toi vers ton merveilleux.

La clé pratique

Chaque jour, prends un temps pour te relier à ton merveilleux.

Imagine ta meilleure vie, laisse tout ton cœur frissonner, t'habiter de cette énergie de merveilleux.

Laisse-la s'infuser pleinement à travers toutes les cellules de ton cœur énergétique et physique.

Puis, une fois que tu ressens que cette énergie s'est stabilisée dans ton cœur, fais-la descendre dans ton ventre, dans ton chaudron sacré.

Laisse cette énergie se transformer en feu.

Laisse ce feu flamber et faire fleurir dans cet espace les désirs de ton cœur afin qu'ils puissent enfin s'épanouir.

Mantras

« Chaque jour, je m'habille et m'enivre
de cette confiance retrouvée qui se love au creux
de mon ventre et qui enflamme mon existence. »

« Ma confiance n'est pas extérieure et n'a besoin
d'aucune validation, sinon celle du regard
amoureux que je me porte. »

« J'ose m'envoler vers mon merveilleux,
car il m'a choisi·e et n'attend que moi pour se révéler. »

3

Go !

Tu as des milliers de belles idées en tête, mais tu te fais à chaque fois des plans sur la comète ! Commence par douter de tes peurs au lieu de douter de tes rêves, et tu verras tout ce que tu peux accomplir. Tous les signes sont réunis pour te lancer maintenant ! Alors, ne cherche pas à tout maîtriser et encore moins à ce que tout soit parfait pour te lancer. Tu verras, c'est plus facile et léger quand on avance petit pas par petit pas.

La clé pratique

En ce moment, tu as sûrement une idée, un projet, un élan intérieur que tu n'oses pas écouter et que tu remets à plus tard. Et si tu as tiré cette carte, c'est que tu es invité·e à passer à l'action même si tu ne sais pas où cela te mène.

Prends une feuille et dessine une fleur en son centre. Au cœur de cette fleur, note précisément ce à quoi tu aspires (par exemple, ton rêve, ton projet, ton intention).

Prends de grandes respirations, laisse-toi inspirer et note toutes les actions (petites ou grandes) que tu peux poser pour y arriver, même si elles te semblent simples, impossibles ou farfelues.

Je t'invite donc aujourd'hui à poser une première action vers ce rêve qui t'anime comme si tu posais la première pierre d'un édifice merveilleux. Ce peut être un appel à passer, un dossier à remplir, un croquis à dessiner, les premiers mots à écrire. Sens en toi ce qui est juste !

Mantras

« Je prends conscience que la peur de ne pas savoir
où je vais n'est pas une limite à ma propre destinée,
car je suis à chaque instant en sécurité
dans la conscience et la confiance en mon propre cœur. »

« Lorsque je fais un pas vers la vie,
elle me répond et vient vers moi. »

« Je choisis mes idées autant que mes idées m'ont choisi·e,
je crois en mes idées autant que mes idées croient
en moi, ainsi, j'ai tout pouvoir pour les accomplir. »

4

Touché·e par la grâce

Tu sais, en réalité, il suffit de pas grand-chose pour t'autoriser à vivre la vie qui te va et te réaligner avec l'essence de ton être… Ce n'est pas quelque chose de farfelu, d'utopique ou d'impossible. C'est cela qui grouille en toi, ce feu qui te pousse à te recréer à nouveau, à t'offrir un nouvel air… À enfin respirer, respirer ta présence, car c'est la seule chose respirable.

C'est une invitation à goûter la vie ! Prépare-toi, il va pleuvoir des cadeaux, tu es touché·e par la grâce.

La clé pratique

LE MATIN À TON RÉVEIL

Relie-toi à ta présence silencieuse, à ta flamme intérieure.

Porte ton attention sur cet espace chaud et doux à la fois.

Puis demande à ta conscience :

« Qu'est-ce qui peut alimenter cette flamme intérieure aujourd'hui ? »

« Qu'est-ce qui peut me faire goûter au délice de l'existence et profiter de ce cadeau d'être vivant·e ici et maintenant ? »

« Qu'est-ce que mon cœur me crie et me dit que je ne veux pas écouter ou remets toujours au second plan ? »

« Quelles sont les choses qui m'ouvrent vraiment le cœur et me font me sentir vivant·e, vibrant·e, heureux·se ? »

Écoute la réponse.

Note toutes les choses qui te sont venues et t'ont traversé l'esprit, même les plus farfelues.

Choisis-en une et réalise-la durant la journée. Une pour chaque jour selon le tirage que tu as choisi de réaliser.

Mantras

« Je veille sur ma foi comme sur une chose infiniment précieuse. »

« Je prends conscience que la grâce est partout,
que chaque jour est un cadeau qui m'accompagne
dans la réalisation de mon divin ouvrage. »

« J'entre chaque jour en contact avec la grâce divine
et je m'unis à la puissance de son action. »

5

Grande ouverture

Il n'y a pas que tes chakras qui sont grands ouverts ! Tes efforts payent, tu es en train d'atteindre une maturité émotionnelle et vibratoire qui te permet de grimper vers un autre niveau de conscience. Cette ouverture de conscience t'ouvre des portes et t'emmène vers des opportunités insoupçonnées. Prépare-toi, ça va swinguer !

La clé pratique

Durant la journée, prends le temps de réaliser ce voyage intérieur.

Ferme les yeux.

Prends de grandes et profondes respirations.

Détends toutes les parties de ton corps, de ta tête jusqu'à tes pieds.

Puis dépose ta conscience dans chacun de tes centres énergétiques.

Commence par le premier chakra pour aller jusqu'au douzième chakra.

Ressens à quel point chacun de tes centres énergétiques est déjà grand ouvert.

Si tu le souhaites, tu peux t'aider en visualisant tes chakras comme des portes grandes ouvertes.

À présent, demande à ta conscience de déployer pleinement cette ouverture afin de recevoir toutes les nouvelles programmations auxquelles ton âme aspire.

Laisse faire, laisse-toi traverser.

Accepte de recevoir ces nouvelles énergies et forces intérieures.

Et affirme dans ton cœur :

« J'accepte de recevoir ici et maintenant les programmations et déprogrammations nécessaires au changement que m'insuffle mon âme. »

Mantras

« J'accepte de recevoir ici et maintenant les programmations et déprogrammations nécessaires au changement que m'insuffle mon âme. »

« Je suis soutenu·e par la grâce divine ; à chaque inspiration, j'inspire son Amour et à chaque expiration, j'expire sa force d'Amour. »

« Je me laisse traverser par ces nouvelles forces afin qu'elles habitent tout mon être et me guident vers la volonté de mon âme. »

6

Fonce avec ton cœur

En ce moment, tu as la sensation d'être dans le brouillard. Tu es en pleine hésitation, tu cherches à prendre la bonne direction, à faire le bon choix. Sauf que tu cherches avec ta tête alors qu'il te suffit de suivre ce que te dicte ton cœur. Tout simplement parce que c'est ton cœur qui le crie ! Allez, ose et fonce avec ton cœur !

La clé pratique

Ici, je te donne une clé qui te permet de ressentir avec ton corps, et non avec ta tête, le choix de ton cœur.

Commence par réfléchir à deux choix sur lesquels tu hésites encore en ce moment.

Pose-toi avec toi-même.

Prends trois grandes respirations.

Ferme les yeux.

Imagine à présent vivre le choix numéro 1.

Projette ta conscience dans la situation, mais aussi dans toutes les conséquences.

Observe ton mental s'emballer, faire des suggestions.

Laisse-le faire.

Pendant ce temps, prête attention aux sensations dans ton corps.

Que ressens-tu physiquement, corporellement, lorsque tu visualises ce choix numéro 1 ?

Ton corps se relâche-t-il ou se contracte-t-il ?

Ton corps s'ouvre-t-il ou se ferme-t-il ?

Ton cœur pétille-t-il ou s'éteint-il ?

Ton cœur se dilate-t-il ou se renferme-t-il ?

Imagine à présent vivre le choix numéro 2.

Projette ta conscience dans la situation, mais aussi dans toutes les conséquences.

Observe ton mental s'emballer, faire des suggestions.

Laisse-le faire.

Pendant ce temps, prête attention aux sensations dans ton corps.

Que ressens-tu physiquement, corporellement, lorsque tu visualises ce choix numéro 2 ?

Ton corps se relâche-t-il ou se contracte-t-il ?

Ton corps s'ouvre-t-il ou se ferme-t-il ?

Ton cœur pétille-t-il ou s'éteint-il ?

Ton cœur se dilate-t-il ou se renferme-t-il ?

Si tu as d'autres choix, continue d'expérimenter avec eux.

À présent, tu as ta réponse !

Mantras

« J'ai le courage d'être moi-même,
j'avance en me laissant porter par mon cœur. »

« Je me laisse vivre, je me laisse être. »

« Les murmures de mon cœur sont mes messagers. »

FAMILLE

« L'âme et moi »

I

Mise à nu

Alors, quand retires-tu tous tes masques pour être vraiment toi-même ? Oui, tes masques, ceux de ton ego... pardi ! Quand voudras-tu te mettre à poil et te regarder avec la plus grande transparence et sincérité ? Non, tu ne seras pas plus vulnérable !

Au contraire, tu n'auras plus besoin de te cacher, de te mentir, de t'inventer des excuses aux yeux des autres, car, à présent, tu es complètement vrai·e et sincère avec toi-même.

Tu sais exactement qui et comment tu as envie d'être, et plus personne ne peut t'arrêter.

La clé pratique

Aujourd'hui, je te propose de vivre l'expérience d'être totalement sincère avec toi-même durant une heure. Et tu sais ce que c'est, la sincérité parfaite ? C'est essayer de ne jamais se tromper soi-même. Regarde-toi vraiment intérieurement, sincèrement ! Sois transparent·e comme de l'eau !

Je te conseille de prendre un carnet avec toi durant cette heure pour noter en toute sincérité les choses qu'il serait bon de chasser en toi et celles à observer pour poser ensuite les actions justes.

LES CHOSES À CHASSER

- Se mentir.
- Cacher sa vérité et ce que l'on pense.
- Les excuses que l'on s'invente et les histoires que l'on se raconte.
- Les critiques envers les autres, car elles ne sont que le reflet de celles que tu entretiens avec toi-même.
- La comparaison dévalorisante.

LES CHOSES À OBSERVER

- Quels sont les sentiments et les émotions que tu ressens ?
- Quelles sont les pensées qui tournent dans ta tête, que tu entretiens ? Celles que tu arrives à lâcher ?
- Quelles sont les choses que tu aimerais dire mais que tu retiens ?

- Quelles sont les envies qui t'habitent ?
- Quelle part de toi est la plus présente ? Qu'est-ce qu'elle désire ? Qu'a-t-elle envie d'exprimer ?
- Quels besoins as-tu ? Les écoutes-tu ?
- Sur quoi t'illusionnes-tu ? De quelles illusions te berces-tu ?

LES ACTIONS À POSER

- Exprime clairement tes besoins et sentiments.
- Dis ce que tu as envie de dire sans retenue.
- Réalise tes envies, manifeste tes intuitions du moment, suis tes idées.
- Nourris toujours la part en toi que tu veux voir grandir à l'intérieur de toi.

Mantras

« Je vibre sincérité, je suis sincérité. »

« Ma vérité est sincérité et ma sincérité est sacrée !
J'ose l'offrir à moi-même, à ceux que j'aime et au monde. »

« Ma sincérité est le plus beau cadeau que je puisse
me faire, car, ce faisant, j'exprime ma divine perfection,
je vis selon ma lumière la plus haute. »

2

Active ton soleil intérieur

Hey, psssst ! Je suis là !

Tu n'es pas seul·e, on forme une équipe, ensemble, toi et moi ! Souviens-toi qu'il te suffit de penser à moi pour que s'active à nouveau l'énergie de mon soleil, afin que tu puisses retrouver toute ta clarté intérieure.

Donne-moi à présent toute ta confiance afin que ma lumière puisse rayonner en toi et transformer les choses.

La clé pratique

Si tu as tiré cette carte, c'est que tu es sûrement en train d'oublier que tu es avant tout une âme dans un corps et que tu es accompagné·e et soutenu·e par la grâce à chaque instant.

Apprends à te relier à ton âme pour mieux la ressentir.

Avant toute chose, réponds à ces questions intuitivement :

À quoi te fait penser le mot âme ?

Comment imagines-tu ton âme dans ton corps (symboles, images, couleurs, sensations) ?

LE MATIN, À TON RÉVEIL

Prends quelques instants pour toi, pose tes mains sur ton cœur et relie-toi en conscience à ton âme. Ressens sa présence dans ton corps, sa chaleur, sa douceur, son Amour.

Ça y est, ton soleil intérieur est activé et mis sur *ON* pour la journée.

DURANT LA JOURNÉE

Observe et sois attentif·ive à tout ce qui peut faire grandir la flamme de ton soleil intérieur.

Veille à ce que ton soleil intérieur soit activé tout au long de la journée et à ne pas donner plus d'importance à ton mental ou à tes émotions.

Si une question importante te vient, prends le temps de te relier à ton âme pour la lui poser directement. Souviens-toi qu'ensemble vous formez une équipe !

AU COUCHER

Prends un moment pour te poser avec toi-même, pose les mains sur ton cœur et relie-toi en conscience à ton âme. Ressens sa présence, sa chaleur, son Amour.

Remercie-toi (l'âme en toi) pour cette journée.

Baigne-toi dans ce cocon de douceur et de tendresse amoureuse.

Tu es divinement aimé·e !

Mantras

« Amour divin, tu remplis mon être,
je suis toi et tu es moi, je t'aime. »

« Lorsque je me fie à toi et que je t'écoute dans le silence de mon cœur, ma confiance grandit de jour en jour. »

« Je sens ta présence vivante dans mon cœur, ta lumière est éclatante et je me laisse transformer par toi. »

3

Crise identitaire

En ce moment, tu vis un passage très douloureux et une profonde perte de sens ! Sois rassuré·e, tu n'es pas en train de régresser ni de revenir en arrière, tu es simplement en train d'opérer une profonde transformation en déconstruisant toutes les fausses constructions du monde de ton ego pour pouvoir renaître à toi-même et habiter tout ton être. Tu crois ne plus pouvoir rien faire ; rassure-toi, tu es en train de tout créer.

La clé pratique

Note toutes les histoires que se raconte ton ego durant cette phase de déconstruction, les peurs qui apparaissent, les pensées, les croyances, les jugements, tout ce qui permet à ton ego de fuir l'inconfort ressenti.

Prends conscience avec tout ton Amour de tout ce qui est en train de mourir à l'intérieur de toi, toutes les désillusions, les illusions, les idéaux.

Demande à ton âme si ce passage est juste et bon pour toi. Quelles sont les forces qui sont en train de se développer à l'intérieur de toi ?

Note toutes les choses positives que cette traversée va te permettre d'acquérir. Peut-être ressens-tu les prémices d'un renouveau intérieur ? De nouvelles envies ?

Enfin, pour t'accompagner dans cette traversée du désert, note toutes les petites choses qui te mettent en joie, même si ce sont des choses très simples et même s'il n'y en a qu'une seule qui te fait te lever le matin.

Mantras

« Chaque difficulté que je traverse dans ma vie
est le signe de ma présence divine auprès de moi. »

« Je lâche prise, je m'ouvre pleinement
à ma lumière afin qu'elle puisse transformer
mes blessures les plus profondes. »

« Mes difficultés sont mon trésor. Elles sont une aide
envoyée par le divin pour parfaire ma réalisation, mon or. »

4

Abondance

Tu t'imagines que l'abondance est une vie de riche à la Lady Gaga ? Mais que tu sois en talons hauts ou en poncho, une vie « de riche », ce n'est pas toujours ce que tu crois. Cela peut aussi être une vie simple ; la seule différence, c'est qu'elle est remplie de toutes les choses qui te nourrissent vraiment et que c'est dans cette vie que tu te sens un·e, entier·ère, complet·ète, avec le plein potentiel de vibrer tout ce que tu ES. Une vie où tu goûtes à cet état d'éternel émerveillement, où, à chaque instant, ta vérité est JOIE… Tu es prêt·e à savourer les délices de l'existence ?

La clé pratique

Observe ton quotidien et prends un temps seul·e avec toi-même pour répondre à ces questions.

Tu peux allumer une bougie, prendre quelques inspires et expires et te déposer dans ton cœur.

C'est quoi l'abondance pour toi ?

Quels sont tes croyances et conditionnements par rapport à l'argent ?

D'où viennent ces croyances : de ton histoire familiale, de tes expériences actuelles, de choses plus profondes, comme des mémoires, ou ressens-tu que ta vision de l'abondance provient de l'espace de ton cœur ?

Ici, prends conscience que si cela ne vient pas de l'espace de ton cœur, ce sont des conditionnements dont tu peux te libérer pour redéfinir toi-même ta propre signification de l'abondance.

Qu'est-ce qui te remplit et te fait te sentir riche et chanceux·se de vivre ta vie ?

Quelles sont les choses que tu as et vis en abondance ?

Qu'est-ce qui, maintenant, te ferait te sentir riche et chanceux·se de vivre ? Quelles sont tes envies du cœur, celles qui t'apportent une joie profonde ? Les vis-tu dans ton quotidien ?

Sinon, qu'est-ce qui t'empêche de vivre l'abondance ?

Que pourrais-tu mettre en place maintenant pour vivre tes envies du cœur dans ton quotidien ? Je t'encourage à le mettre en place dès aujourd'hui, même si cela commence par une petite chose qui est de suivre tes petites envies.

Mantras

« Je m'ouvre à l'abondance
dans toutes les sphères de ma vie. »

« Je suis abondance, je m'ouvre à l'énergie d'abondance. Ainsi, je laisse de la place pour que l'abondance de la vie circule à travers moi. »

« Je me libère de toutes les mémoires portées dans mes lignées, de manque, de perte, mais aussi de prise de pouvoir par l'argent, et je renoue avec la véritable énergie d'abondance à laquelle j'ai droit. »

5

Tu prends le melon !

Où est passée ta joie ? Et si tu arrêtais de te prendre au sérieux pour commencer à rire de toi-même ? Lâche ton melon et mets ta boule à facettes ! Envoie valser tes responsabilités, tes « il faut que... », « je dois... », et fais à nouveau entrer la spontanéité, l'amusement dans ta vie. Plus tu t'amuses et plus ton âme devient ta muse.

La clé pratique

Aujourd'hui, lâche ton juge intérieur et convoque auprès de toi l'énergie d'humour.

Ris de toi-même le plus possible.

Fais l'effort de prendre les choses désagréables qui t'arrivent avec humour et Amour.

Ris-leur au nez, elles te ralentissent ! Bonne humeur assurée !

Puis, ce soir en rentrant, crée l'espace pour un yoga du rire et tape-toi une bonne barre de rire pendant dix minutes. Tu verras, tes abdos te diront merci !

Mantras

« Aujourd'hui, je prends du recul, je m'amuse,
et mon âme devient ma muse ! »

« Je décide de rire le plus possible,
de bon cœur et sans raison, c'est si bon ! »

« Je trouve ma force dans ma capacité
à rire de moi-même. »

6

Téléchargement en cours...

Tu aimerais déjà être en train d'agir, mais le temps est au vide et à l'assimilation. Toi et moi, nous sommes entré·e·s en profonde reliance, et tu es actuellement en train de télécharger de nouvelles énergies d'une intense lumière. Mets-toi dans la position de l'étoile de mer et autorise-toi à recevoir par tous les pores de ta peau ces forces qui te guideront et te feront agir comme il faut.

La clé pratique

Ici, comme tu as pu le lire sur la carte, le temps n'est pas à l'action mais plutôt à la pleine et entière réception. Il ne sert à rien de s'agiter dans tous les sens, lâche le faire et laisse-toi être, tout simplement !

Ferme les yeux.

Prends de grandes et profondes respirations.

Connecte-toi à la zone dans ton corps qui vibre cette sensation de vide intérieur qui t'habite en ce moment.

Plonge à l'intérieur de cet espace de vide.

Visualise que tu es en train de t'allonger dans la position de l'étoile de mer ou de flotter dans cette position.

Laisse-toi flotter et bercer dans ce vide, et laisse-le naturellement te remplir et informer tes corps.

Autorise-toi à recevoir, par tous les pores de ta peau, la force, la puissance, le renouveau contenus dans cet espace vide, qui est en réalité plein de ta propre lumière.

Laisse tous tes corps absorber cette lumière d'un blanc immaculé.

Respire à présent cette lumière blanche.

Mantras

« Je n'ai rien à faire, j'accepte pleinement ce vide intérieur et je me laisse pleinement le recevoir. »

« Je lâche le faire, je me laisse être, tout simplement. »

« J'accepte de vivre cette période d'assimilation en ouvrant grandes au divin les portes de mon être. »

FAMILLE

« Good vibes »

I

Fais ta Mary Poppins !

Tu as tendance, en ce moment, à voir tout en gris et à croire que tu ne peux rien y changer. Tu recommences à donner ton pouvoir à l'extérieur, aux gens, aux outils « spirituels », mais tu as oublié que la magie est avant tout en toi, que c'est de toi que tout part et à toi que tout revient. Tu es une Mary Poppins en puissance ! Rien que par ta vibration, tu crées de la magie dans ce monde et tu as tout pouvoir pour te créer ta vie de rêve. Remets ton pouvoir à l'intérieur de toi, c'est toi le magicien, la magicienne de ta vie !

La clé pratique

Choisis une intention claire et précise pour toi aujourd'hui !

Par exemple : « Je choisis de respecter mes besoins du moment ! », « Je choisis de m'aimer, quoi que je fasse ! », « Je choisis de rayonner la joie ! »

Maintenant, à toi de jouer et d'incarner pleinement ton intention pour toi-même, et ce toute la journée. Tu en es le·la garant·e et donc le·la responsable !

C'est toi la Mary Poppins créatrice de cette magie dans ta vie !

Reprends ton pouvoir !

Prononce ta phrase magique en conscience, c'est-à-dire comme si tu plantais cette intention, cette pensée-semence pour toi, dans ton cœur.

Puis sois le cœur grand ouvert pour découvrir toutes les surprises magiques qui vont se synchroniser pour toi.

Mantras

« Je remets mon pouvoir au divin en moi,
car la présence divine est en moi. »

« Je pose mon regard à l'intérieur et je découvre
la force divine qui est en moi, et rien qu'en moi. »

« Je prends conscience que je suis mon propre miracle,
et ainsi ma lumière divine devient le guide de ma marche. »

2

Respire

Stop ! Arrête tout ce que tu es en train de faire maintenant. Respire ! Respire ! Respire !

Et demande-toi ce que tu veux émettre maintenant. J'ai bien dit : que veux-tu aimer être maintenant ? Ensuite, commence par agir en ce sens, et tu verras : le soleil reviendra.

La clé pratique

Je te propose de faire cette pratique en extérieur si tu le peux, et face au soleil.

Debout, prends de grandes et profondes respirations en conscience.

Dépose ta conscience dans ton bassin et laisse ton bassin bouger librement, faire des micromouvements ou des mouvements plus amples dans un sens ou dans un autre.

Puis, lorsque tu te sens prêt·e...

Je te propose de commencer par des inspires et des expires en comptant cinq secondes sur l'inspire, puis cinq secondes sur l'expire.

Si tu sens que tu peux allonger ton inspire et ton expire, fais-le naturellement.

Puis, à présent, nous allons ajouter à tes respirations un mouvement avec tes bras.

En même temps que tu inspires, tu vas ouvrir tes bras comme des ailes qui se déploient.

Et, à l'expire, tu vas les ramener vers toi comme si tes ailes t'enveloppaient, te câlinaient, pendant cinq minutes.

Mantras

« J'inspire l'Amour et j'expire l'Amour. »

« Je respire la magie de la vie et j'expire toutes les tensions et tous les soucis. »

« Je respire en conscience l'énergie de vie, j'expire la vie, je suis la vie. »

3

Zéro stress

Tu aimes la pression, ça te galvanise… mais sache que tu peux aussi faire les choses avec calme, douceur et zénitude !

Dans la position du lotus, mets tes doigts de pied en éventail. Inspire, expire, récite ton mantra préféré, et, par pitié, détends-toi ! Tu en as grandement besoin !

La clé pratique

L'heure est à la détente, et, pour ce faire, il ne suffit pas de te répéter intérieurement : « Détends-toi, détends-toi » ! Non, il faut l'incarner maintenant !

Offre-toi un moment de détente bien mérité pour apaiser ton système nerveux. Et tu verras que glandouiller, y'a rien de mieux pour ça ! Autorise-toi cette bienveillance envers toi-même.

Je te propose plusieurs options, choisis celle qui résonne pour toi :

- Pousse les meubles, chante, danse.
- Un massage, offre-toi un massage relaxant et profite du moment.
- Sors faire une balade dans la nature et prends l'air.
- Pose-toi dans un transat ou dans le canapé, regarde un film ou une bonne série.
- Allume des bougies et prends un bain chaud.
- Médite, allonge-toi dans l'herbe.
- Évade-toi, prends un bon bouquin.
- Médite avec moi (voir méditation ci-dessous).

Par pitié… relaxe-toi !

Méditation, détente, corps physique, relaxation profonde…

Installe-toi confortablement.

Ferme les yeux tout doucement et mets-toi à l'écoute de ton corps.

Nous allons commencer par appeler l'énergie de calme, de détente à l'intérieur de nous.

Puis nous allons détendre ton cuir chevelu, ton front, les muscles oculaires, ta mâchoire...

Laisse-la s'ouvrir un peu, si c'est plus agréable pour toi.

Laisse cette détente s'infuser et descendre à présent le long de tes cervicales, de ta gorge...

Relâche tes trapèzes, tes épaules.

Cette détente s'infuse à présent et se diffuse maintenant le long de tes bras, le long de tes avant-bras. La détente arrive à tes poignets, puis jusqu'au bout de tes doigts.

Puis cette détente se diffuse à présent le long de ton dos, décontractant tous les muscles et les os le long de ta colonne vertébrale.

Ce relâchement se diffuse aussi sur l'avant de ton corps, dans ta poitrine, ton ventre et tous tes organes jusqu'à ton bassin et ton bas-ventre.

Ton corps se relâche et se détend...

Maintenant, cette détente se diffuse dans tes cuisses, tes genoux, tes mollets, tes chevilles, jusqu'au bout de tes orteils.

Ressens et savoure à présent combien cette détente corporelle t'entraîne vers une détente intérieure. Laisse le calme intérieur s'installer et t'envahir.

Progressivement et tout en douceur, tu vas pouvoir commencer à tourner la tête à droite, à gauche, doucement, tout doucement.

Inspire plusieurs fois profondément. Sens comme cette inspiration te réveille.

Tu peux bâiller, t'étirer et ouvrir les yeux.

Mantras

« Je me libère de l'illusion de devoir courir
tout le temps et je m'offre un vrai moment détente. »

« Je m'ouvre à la puissance du silence
qui est un instrument du pouvoir divin. »

« Lorsque je me détends véritablement,
je suis et deviens un intermédiaire conscient du divin. »

4

Célébration

Allô!… il y a quelqu'un ? C'est bien à toi que je parle ! Il est venu le temps de t'honorer pour le chemin parcouru, d'honorer les larmes, d'honorer les doutes, d'honorer la fatigue, d'honorer le découragement, d'honorer le vide, d'honorer les joies, d'honorer les rires, d'honorer les inattendus, d'honorer ton courage, d'honorer ton unicité, d'honorer ta lumière.

Aujourd'hui, c'est ton jour, célèbre-toi ! Il n'y a rien d'aussi important que toi !

La clé pratique

Aujourd'hui, offre-toi un moment de célébration seul·e avec toi-même pour t'honorer et honorer le chemin que tu as parcouru dernièrement.

Tu as sûrement une idée de la manière dont tu peux te célébrer, mais voici mes idées pour toi :

- Prends rendez-vous avec toi-même et fonce à ton restaurant préféré.
- Offre-toi des fleurs ou cette chose sur laquelle tu lorgnes depuis quelque temps.
- Sors de chez toi et prends un temps seul·e avec toi-même dans ton endroit ressource pour te remercier et t'honorer.
- Écris-toi une lettre d'Amour.
- Vis une soirée seul·e avec toi-même, où tu es libre de choisir toutes les choses que tu aimes.

Mantras

« Je suis la lumière et j'honore la lumière que je suis. »

« Aujourd'hui, je prends le temps de me donner de tout mon cœur et de recevoir pleinement cet Amour. »

« En m'honorant, je choisis de nourrir la flamme dans mon cœur, je me fais offrande. »

5

Peace

Tu veux ressentir plus de paix dans le monde ? Mais sais-tu que la paix se cultive d'abord à l'intérieur de toi ? Comme cela, tu peux la rayonner partout ! Comment y parvenir ?

En cessant d'alimenter tes combats intérieurs, en déposant tes armes et en te foutant la paix une bonne fois pour toutes ! Ainsi, tout doucement, tu t'apaises et tu sèmes cette paix en toi et dans le monde.

La clé pratique

Aujourd'hui, je te propose de répondre en toute sincérité à ces questions pour prendre conscience des espaces intérieurs qui ne sont pas encore en paix en toi et de trouver des solutions pour qu'ils le soient.

Allume une bougie, prends de grandes respirations et dépose-toi dans ton cœur.

Qu'est-ce que tu continues de nourrir à l'intérieur de toi et qui alimente une dualité intérieure et génère un combat intérieur ?

Quelles sont les situations récurrentes que tu vis et dans lesquelles tu ne te sens pas en paix ou tu ne te fous pas la paix ?

Avec qui (quelles personnes) ne te sens-tu pas en paix aujourd'hui et pourquoi ? Quelles sont les émotions qui sont présentes ?

Quelles sont les actions que tu peux mettre en place maintenant pour faire la paix avec ces personnes, dans ton passé et ton présent ?

Qu'as-tu l'impression de subir dans ta vie ?

Comment pourrais-tu arrêter de subir pour aimer véritablement la vie que tu vis ? Quelles sont les actions que tu peux mettre en place maintenant ?

Mantras

« J'appelle la paix à descendre dans mon corps mental,
dans mon corps émotionnel et dans mon corps physique,
j'incarne la paix, je vibre la paix. »

« Aujourd'hui, je décide de rendre les armes,
de baisser ma garde et je fais la paix avec moi-même
et toutes les parties de moi. Il n'y a rien à rejeter,
rien à éliminer, mais tout à réunir et à Aimer. »

« Je suis tout et son contraire,
je suis le tout qui s'exprime dans chaque contraire,
je suis le tout en toutes choses. »

6

S.O.S. besoin d'air

Quoi ? ... Tu n'as jamais entendu parler du bol d'air ? C'est un *shoot* à l'herbe fraîche qui permet instantanément d'envoyer valser ta *to-do list* pour t'apaiser et retrouver fraîcheur et énergie. Sors dans la nature, allonge-toi, sniffe l'herbe juste devant toi et tu verras la vie en rose et les cœurs fleurir partout autour de toi.

La clé pratique

C'est le moment de sortir prendre l'air et d'arrêter tout ce que tu es en train de faire.

Tu as besoin de te reconnecter à la nature pour qu'elle te régénère et te ressource.

Sors te promener dans la nature.

Prends le temps de respirer et de marcher en conscience.

Allonge-toi ou mets-toi pieds nus dans l'herbe (même si ce n'est qu'un petit coin de verdure).

Dépose ta conscience dans ton *hara* (deuxième chakra) et imagine des racines qui s'enfoncent dans le centre de la Terre.

Puis laisse à présent cette énergie prendre place, se répandre et se stabiliser au sein de ton *hara.*

À présent qu'elle s'est stabilisée dans ton *hara*, laisse cette énergie tellurique remonter le long de ta colonne vertébrale dans chacun de tes centres éthériques (chakras) jusqu'au septième.

Observe ce qui change dans ton énergie... si tes idées s'éclaircissent, si ton corps est plus dense, plus ancré, plus stable... si tu te sens apaisé·e, ressourcé·e...

Puis laisse redescendre cette énergie dans ton *hara*.

À présent, prends de grandes et profondes respirations ici et maintenant, laisse ce bol d'air te ressourcer et t'apaiser...

Respire autant de fois que tu le souhaites.

Mantras

« Je me ressource en me reliant à l'énergie de la Terre, je la laisse circuler à travers moi. »

« L'énergie de la Terre-mère me ressource et me soutient, je peux y faire appel dès que j'en ressens le besoin. »

« Je prends conscience que je suis connecté·e à la Terre à chaque instant, et, en m'y reliant en conscience, je ressens sa stabilité et son soutien. »

FAMILLE

« À fond hypersensible ! »

1

Montagnes russes

Oui, je sais, la vie n'est rien si elle n'est pas vécue intensément, mais tu n'es pas fatigué·e d'être sans arrêt ballotté·e entre tous ces extrêmes ? Un coup, c'est *up*, un coup, c'est *down*. Si tu veux enfin te la couler douce, primo, tu dois commencer par arrêter de croire que tu es tes émotions en te laissant gouverner par elles et, deuxio, tu dois arrêter de t'en faire !

La clé pratique

Aujourd'hui, reprends conscience de ton corps sensible, de ta capacité à être touché·e par les gens, des informations que tu captes sans que cela fasse de toi un être purement émotionnel.

Souviens-toi, tu es avant tout une âme dans un corps, dont ton corps sensible, ce merveilleux instrument à la clarté.

Cette carte t'indique qu'il est grand temps d'apprendre à t'observer pour ne plus réagir, mais pour agir en conscience en prenant conscience de l'espace intérieur à partir duquel tu agis.

À partir d'aujourd'hui, quand une situation dérangeante se présente ou lorsque tu vis des phases extrêmes, je te propose, dans un premier temps, de prendre un temps avec toi-même :

- Ferme les yeux.
- Respire profondément.
- Dépose ta conscience dans ton corps émotionnel et observe comment c'est à l'intérieur de toi, si c'est calme, clair, tranquille, ou agité, embrouillé.

Puis, si tu sens qu'il est agité (le corps émotionnel) :

- N'agis pas et ne prends pas de décision, car tu n'agiras pas depuis le bon espace. Tu seras sûrement en train de réagir depuis ton émotionnel.
- Laisse l'émotionnel se tarir et s'apaiser, et si tu en as besoin, file regarder la clé pratique de la carte « Pause-toi » dans la famille « À fond hypersensible ! »

Si tu sens qu'il est calme ou maintenant que ton émotionnel s'est apaisé :

- Dépose ta conscience dans ton cœur... et demande-toi ce que ferait l'Amour dans cette situation et ce que dirait l'Amour sur cette situation ?

À présent, en conscience, tu vas pouvoir choisir et te demander sincèrement si tu as envie d'agir depuis ton corps émotionnel ou depuis l'espace de ton cœur.

Mantras

« Je prends conscience que je ne suis pas ce que je ressens, mais que je suis la conscience qui m'observe vivre ces ressentis. »

« Je peux choisir à chaque instant de m'extraire de ce tumulte intérieur et je retrouve mon calme intérieur. »

« Au cœur de moi-même, il y a un espace silencieux, tranquille et toujours en joie. »

2

Surfe sur la vague

Bravo ! En ce moment, tu fais des grands bonds dans la maîtrise de tes émotions. Tu commences à jouer avec la vie et ses forces, et ça te réussit. Continue de t'écouter, de suivre le *flow* ! Navigue avec le courant de vie pour ne jamais aller à contrecourant de ton cœur.

La clé pratique

Continue, comme tu le fais si bien, d'être à l'écoute de tes émotions, car ce sont des informations précieuses que ton âme t'envoie pour appréhender avec clarté ton état intérieur.

Aujourd'hui, quand une émotion se présente à toi, observe et mets-toi à l'écoute de cette émotion ou de ce sentiment de fragilité et demande-toi :

Qu'est-ce que je ressens à cet instant dans mon corps et dans mon cœur ?

Est-ce qu'il y a une sensation ou une image qui m'appellent ?

Où cela se situe-t-il dans mon corps ?

Quelles sont les pensées qui me viennent ? Qu'est-ce que je me dis là, maintenant ?

Ici, il n'y a rien à chercher, rien à comprendre, simplement être à l'écoute de ce qui se passe et t'incliner face à ce poids, ces larmes, cette colère, cette part d'ombre que tu ressens. Reconnais simplement que tu te sens blessé·e, démuni·e ou dans l'incompréhension de ce qui se passe. Laisse simplement cette part de toi s'exprimer.

Ensuite, tu peux prendre le temps, si tu le souhaites, d'observer tes besoins :

- Quels sont tes besoins en cet instant ?
- Qu'est-ce que tu aspires à vivre et que tu ne vis pas ?

Puis je te propose d'aller plus loin en observant à présent les actions que tu peux entreprendre pour respecter et nourrir tes besoins :

Quelles actions ou demandes concrètes peux-tu faire pour vivre davantage ce que tu aimes vivre ?

Mon « petit plus pour toi » : tu peux aussi créer chez toi un espace dédié à l'écoute de ton intériorité.

Je te conseille d'inscrire ce temps avec toi-même comme un rendez-vous « pro » dans ton agenda.

Mantras

« Lorsque je suis le *flow* de la vie, je suis la vie dans son éternel mouvement. »

« À chaque instant, je suis à l'écoute de mon intériorité. »

« Je m'autorise à me laisser traverser par les larmes lorsqu'elles se montrent. J'accepte de ne plus être celui·elle qui tient, et, en conscience, je me laisse toucher par ce qui est. »

3

Extraterrestre ou terrestre extra à bord !

Je suis un·e extraterrestre, personne ne me comprend, je suis trop sensible, de toute façon, pour vivre dans ce monde ! Je suis celui·elle qui est toujours « trop » ou « pas assez » ! Je me sens si bizarre ! Je serais tellement mieux ailleurs ! Bla-bla-bla... Tu n'arrives pas à te fondre dans la masse, et tu sais pourquoi ? Car tu n'as pas à t'y fondre ! Tu dois envoyer valser ton syndrome de l'extraterrestre pour laisser briller ta lumière, ton unicité, tout simplement. Le monde a besoin de toi !

La clé pratique

L'extraterrestre en toi est un *pattern* énergétique qui s'est créé au fil des années et dont tu as besoin de te libérer. Le meilleur moyen, c'est d'y mettre de la conscience, et donc d'en avoir conscience.

Je te propose donc cette pratique :

Observe les situations récurrentes dans lesquelles ton personnage « extraterrestre » se présente à toi. Depuis combien de temps est-il présent à tes côtés ? Te souviens-tu de quelque chose en particulier ?

Que dis-tu de toi quand ton personnage est présent ? Quelles sont ces pensées et croyances ?

Comment ton personnage se sent-il et te fait-il te sentir ? Quels sont ces sentiments et émotions ?

Comment ton personnage te fait-il agir ? Quels comportements te fait-il adopter ?

En ayant pris le temps de répondre à ces questions, tu as pris conscience d'un personnage intérieur qui masque l'expression de la vérité de ton être.

Toutefois, maintenant que tu en as conscience (ton système de croyances, émotions et comportements), tu vas pouvoir le repérer facilement quand il se manifeste et tu pourras choisir en conscience si tu souhaites ou non lui donner de l'énergie et de la force.

Mantras

« À partir de maintenant, je me libère de ce sentiment d'être différent·e, j'ose incarner ma lumière et mon unicité. »

« J'accepte ma singularité, car elle est ma zone de génie que je suis venu·e offrir au monde. »

« Ce n'est qu'à travers mon propre regard amoureux que je peux me sentir important·e tel·le que je suis. Je prends conscience qu'être moi, plein·e et entier·ère, contribue positivement au monde. »

4

Syndrome de l'imposteur

Le syndrome de l'imposteur a frappé à ta porte. Tu passes ton temps à croire que tu es moins crédible et légitime que les autres pour faire ce que tu fais et penser ce que tu penses. Sauf que, pendant ce temps, le temps passe, et toi tu ne trouves pas ta place. Il est temps de reconnaître ta valeur pour passer au niveau supérieur. Arrête de croire que tu te sers de ta lumière alors que tu sers la lumière, et tout ira mieux. Ose à présent rayonner qui tu es !

La clé pratique

La part de toi qui se sent « imposteur » ne détermine pas qui tu es. Elle est une étiquette qui s'est créée au fil des années, que tu as décidé de porter et dont tu as besoin de te libérer aujourd'hui.

La pratique que je te propose est la suivante :

Pose-toi avec toi-même et demande-toi depuis combien de temps cette étiquette te colle à la peau. As-tu le souvenir d'une expérience en particulier ? Comment te sens-tu aujourd'hui en continuant de porter cette étiquette ?

Comment te sentirais-tu si elle disparaissait ? Qu'est-ce qui changerait pour toi ?

Puis, observe les situations récurrentes où cette part de toi, « l'imposteur », se présente en toi.

Tu peux, pour ce faire, demander simplement à t'y connecter : « Je demande à me relier en conscience à mon imposteur intérieur ».

Quelles sensations apparaissent dans ton corps en sa présence ?

Comment pense cette part de toi ?

Quelles sont ses croyances ?

Quels sont ses sentiments et ses émotions ?

Quels comportements te fait-elle adopter ?

En ayant pris le temps de répondre à ces questions, tu as maintenant pris conscience d'un personnage intérieur qui masque l'expression de ta lumière.

Tu seras donc capable de choisir en conscience à quelle part de toi tu souhaites ou non donner de l'énergie.

Mantras

« À partir de maintenant, je me libère de mon sentiment d'illégitimité, j'ose incarner ma lumière et mon unicité. »

« Je me laisse imprégner par cette phrase :
"Je Veux ce que tu Veux, que je sois ce que tu Veux." »

« Lorsque je suis au contact de mon âme,
je suis dans la justesse de ce que j'offre et incarne
pour le monde, et je me sens légitime d'être moi. »

5

Pause-toi !

Tu ne le vois pas, mais tu es pris·e dans un tourbillon émotionnel que tu tentes de compenser en devenant une machine à « faire ». Pourtant, dans ces moments, la meilleure des solutions, c'est de t'offrir une pause. Pose-toi pour mieux revenir en toi. Et laisse la joie te cueillir !

La clé pratique

Ce n'est pas un moment propice pour faire quoi que ce soit, ni pour agir ni pour faire des choix, mais tout simplement pour te poser avec toi-même.

Offre-toi une vraie pause !

Ferme les yeux.

Prends de grandes et profondes respirations.

Pose une main sur ton cœur et l'autre sur ton *hara*.

Observe les sensations qui se présentent depuis l'espace de ton cœur et sous ta main.

Et depuis ton *hara* sous ta main.

Pose une intention pour toi.

Laisse venir un mot, une phrase.

Dépose ce mot ou cette phrase dans ton cœur.

Puis fais-les circuler jusqu'à ton *hara*.

Puis de ton *hara* jusqu'à ton cœur.

À présent, appelle l'énergie d'Amour dans tes mains et laisse-la se déposer dans ton cœur et dans ton *hara*...

Fais circuler cette énergie de haut en bas et de bas en haut.

Respire pleinement cet Amour et expire l'Amour.

Mantras

« L'agitation, la hâte ne mènent nulle part.
Je cesse d'agiter mon eau intérieure
et je lui offre l'espace de se tarir d'elle-même. »

« Je me libère de l'illusion de l'action, je me pose
dans le silence de mon propre cœur, là où tout se révèle. »

« Dans la paix, le silence et le calme,
j'écoute et j'accomplis ma vérité. »

6

Éponge à émotions

Apparemment, tu as l'impression de te sentir utile lorsque les autres viennent décharger leurs émotions auprès de toi ! Telle une magnifique éponge à émotions, tu absorbes et prends tout pour toi et sans rien dire... Sauf que, maintenant, tu es plongé·e sous les eaux. Le mode mélodrame est activé ! Sache que tu vas mettre un peu de temps avant de faire remonter ton énergie. Alors, s'il te plaît, apprends à te libérer de ce trop-plein d'informations !

La clé pratique

Afin de t'accompagner pour ne pas accumuler un trop-plein d'informations dans ton corps sensible, je t'invite à réaliser chaque soir un nettoyage de ton corps sensible.

Je te propose deux pratiques, choisis celle qui te correspond le mieux sur l'instant. Méditation ou mouvement, c'est toi qui sens ce qui est juste pour toi !

PAR ICI POUR LA MÉDITATION AVEC MOI

Respire.

Ferme les yeux.

Dépose ta conscience dans ton corps sensible/ton corps émotionnel.

Pose-toi cette question : « Comment je me sens maintenant ? »

Observe en toi ce qui s'active, s'agite ou se pose.

Laisse venir les émotions sans chercher quoi que ce soit.

Laisse-les simplement s'exprimer à travers toi.

Puis demande à ta conscience/ton âme de déposer sa lumière dans ton corps sensible/émotionnel pour libérer les tensions, les émotions trop lourdes et les charges émotionnelles qui se sont accumulées durant la journée.

Mon « petit plus pour toi » : remarque quand on vient se décharger sur toi et en conscience, si tu n'en as pas envie, dis STOP !, tout simplement.

PAR ICI PAR LE CORPS, SI TU PRÉFÈRES

Mets la musique de ton choix et offre-toi une danse des émotions pour te libérer de toutes les émotions accumulées durant ta journée.

Laisse ton corps se mouvoir et trouver les mouvements justes pour se décharger.

Mantras

« Je suis responsable de mes propres émotions et ressentis intérieurs, et je laisse chacun·e libre d'en faire de même. »

« Je suis de ceux·elles qui s'écoutent avant d'écouter. »

« Je peux observer les émotions sans pour autant les absorber. »

FAMILLE

« Maître de mes pensées »

I

Fais un vœu !

Tu crois aux miracles ? Alors, pourquoi es-tu encore en train de les attendre au lieu de les créer ?

Tu sais, rien ne tombe du ciel, c'est à toi seul·e de choisir qui tu as envie d'être et de le devenir. En choisissant tes pensées, en te reliant aux sphères les plus hautes et en te laissant inspirer par ton idéal, tu dessines ta réalité. Comprends que le miracle se crée d'abord en toi-même. Tu es le miracle !

La clé pratique

Afin que tu puisses y voir plus clair, je te propose ici de répondre à ces questions :

Qu'est-ce que je suis en train d'attendre de l'extérieur dans ma vie (sphère pro, perso, intime, relationnelle) ?

Quels sont mes blocages au passage à l'action dans ces différentes sphères (pro, perso, intime, relationnelle) ?

Quelles pensées puis-je semer en moi maintenant pour vibrer sur les mêmes fréquences que mes aspirations ? Et quelles sont celles que je continue de nourrir et qui ne sont plus utiles à la manifestation de mes aspirations ?

Comment puis-je agir maintenant et reprendre mon pouvoir sur ce que je vis ?

Note toutes les actions, les élans, les envies qui te passent par la tête.

Prends à présent le temps de t'imaginer les nouvelles expériences que cela va t'amener à vivre afin que se dessine ta nouvelle réalité. Tu peux même te visualiser vivre cette nouvelle vie sereine, épanouie et confiante. Laisse-toi porter par ces nouvelles énergies.

Mantras

« Je me libère de ma posture d'attente
et je m'ouvre à ma pleine puissance créatrice.
Je suis le miracle que j'attends. »

« La vraie vision, c'est la vision du miracle
qui est constamment là sous mes yeux. »

« Je me laisse modeler par le miracle de la grâce,
je lâche mes impossibilités mentales et,
à ce moment précis, tout change. »

2

Spontanéité !

Et si je pouvais changer? Et si ça ne s'était pas passé comme ça? Et si, un jour, j'arrivais à...? Envoie valser les « Et si »! Libère tes pensées et retrouve ta spontanéité du cœur, celle qui ne cherche pas à être mais qui est, tout simplement. C'est parti, suis tes envies sans retenue pour mieux te laisser être.

La clé pratique

Prête attention à toutes les idées spontanées qui t'arrivent dans la journée et suis-les au maximum.

- Je note toutes les idées spontanées que j'ai suivies, et surtout ce que cela m'a apporté pour prendre conscience de leurs bienfaits.
- Je note toutes les idées spontanées que je n'ai pas suivies et j'observe les raisons de cette non-écoute. Je me demande sincèrement pourquoi je ne les ai pas suivies (peurs, croyances, fausses excuses).

Mon « petit plus pour toi »: plus tu prendras conscience des raisons inconscientes de ta non-écoute intérieure, plus tu pourras t'en détacher et ainsi acter un vrai choix conscient pour toi.

Mantras

« Je laisse place à la spontanéité de mon cœur. »

« Je ne cherche pas à être qui que ce soit,
je suis moi, tout simplement. »

« Je suis à l'écoute de la guidance de mon âme,
car elle me mène toujours vers la manifestation
de mes envies et à ma vivance intérieure. »

3

Mental en surchauffe

Tu vis un passage difficile en ce moment et tu te poses des milliers de questions. Ça va exploser là-haut dans le ciboulot ! Ton mental est en surchauffe ! Sache que les solutions ne viennent pas en s'agitant dans tous les sens, mais en restant tranquille et calme. Appelle la paix à descendre dans tes pensées et laisse cette force agir à travers toi et te transformer, c'est la plus belle des réponses à t'offrir.

La clé pratique

Il est temps que tu apaises ton corps mental et que tu opères un vrai tri dans tes pensées.

Ferme les yeux tranquillement.

Prends de grandes et profondes respirations.

Mets-toi à l'écoute de ton corps.

À chaque inspire, inspire la détente, invite-la à se déposer à l'intérieur de toi.

Et, à chaque expire, expire toutes les tensions, tous les tracas.

Recommence six fois.

Laisse à présent cette détente s'infuser et descendre du haut de ton corps jusqu'au bout de tes orteils.

Et, à présent, appelle la paix à descendre dans ton corps mental et affirme :

« J'appelle la paix à descendre dans mon corps mental. »

« J'appelle la paix à descendre dans mes pensées. »

« J'appelle la paix à assainir et à purifier mes pensées. »

Laisse l'énergie de paix faire son œuvre.

Il n'y a rien à faire, rien à chercher, rien à comprendre.

Simplement, laisse ce tri s'opérer, laisse ce vide s'installer.

Ressens comme ton corps mental s'apaise, devient plus clair, lumineux.

Et, quand tu le souhaites, ouvre les yeux.

Mantras

« Je me libère de toutes les mauvaises pensées
que j'entretiens vis-à-vis de moi-même. »

« Je laisse ma conscience purifier
mon corps mental et je m'ouvre à sa lumière. »

« Je projette et j'offre toutes mes mauvaises pensées
à la lumière de mon âme. »

4

Ô miracle… je m'en fous !

Bravo, tu as enfin découvert que tu n'es pas tes pensées, et que, donc, tu peux arrêter d'y croire. Ce sont juste des pensées ! Tu peux maintenant te concentrer sur l'essentiel : l'espace de conscience à partir duquel tout se produit. Respire… et le reste… tu t'en fous, ce n'est pas toi. Sois ici et maintenant, là où tu es, rien n'est plus important que de te sentir vivant·e.

La clé pratique

Il est essentiel que tu apprennes à observer tes pensées.

Ferme les yeux tranquillement.

Prends de grandes et profondes respirations.

Amène ton attention sur ton corps et sur ta respiration.

Ressens le contact de l'air qui entre et sort par tes narines.

Observe comment est ta respiration… lente, calme, courte, longue, thoracique, ventrale.

Ressens ce qui se passe dans ton corps.

Est-ce qu'il y a une sensation qui se présente ou t'appelle ?

Dirige ton souffle vers cette sensation.

Observe à présent si des pensées arrivent.

Prends le temps de les accueillir, de les observer.

Laisse-les défiler devant toi comme si tu observais des nuages en train de passer sous tes yeux.

Prends conscience que ce ne sont que des pensées qui passent et vagabondent, et que tu n'es pas obligé·e de t'y identifier, de t'y accrocher.

Laisse tes pensées aller et venir… cela n'a pas d'importance…

Toi, tu es la conscience silencieuse qui observe ce spectacle, ce mouvement intérieur.

Et cela te permet de prendre instantanément du recul sur ce que tu penses et ce que tu émotionnes à travers tes pensées.

Et affirme maintenant :

« Je suis la conscience qui observe en silence. »

« Je suis la conscience qui règne. »

Et, doucement, tes pensées se calment.

Et, quand tu le souhaites, tu pourras ouvrir les yeux.

Mantras

« Je prends conscience que je ne suis pas mes pensées puisque je peux les observer. »

« Je suis la conscience qui observe, je suis la vie qui coule au-dedans. »

« Je respire profondément et je m'en fous, tout simplement, je suis ici et maintenant. »

5

Fais le ménage !

Alerte aux croyances périmées et obsolètes ! Il est temps d'opérer un grand tri intérieur et de faire le ménage dans tes pensées. Si tu veux voir fleurir ce que tu désires, commence par planter ces graines en conscience à l'intérieur de toi. Puis veille à les nourrir d'Amour et de lumière. Tu es le·la semeur·euse de ta vérité !

La clé pratique

Il est grand temps d'opérer un tri intérieur dans tes pensées.

Pour cela, tu vas devoir porter ton attention sur les pensées qui te traversent, mais aussi sur la manière dont tu penses au cours de ta journée pour, petit à petit, semer en toi des pensées qui t'élèvent et nourrissent ton être.

Voici la pratique que je te propose lorsque tu prends conscience qu'une pensée négative se présente en toi : laisse-la simplement te traverser sans t'y identifier.

Si tu sens qu'elle persiste et qu'elle est bien accrochée, prends un bout de papier et écris-la dessus. Puis déchire le papier. Renouvelle cette opération autant de fois que cette pensée se présente.

Puis, comme la nature n'aime pas le vide, demande-toi naturellement comment l'Amour en toi penserait maintenant... Quelle serait la pensée que l'Amour cultiverait et nourrirait en toi ?

Sème-la en toi, dans ton cœur, et nourris-la.

Petit pas par petit pas, le jardin de tes pensées se transformera, et tu verras fleurir en ton cœur une force te poussant vers la manifestation de tes plus beaux idéaux.

Mantras

« À chaque instant, j'ai conscience que je peux choisir les pensées qui m'élèvent et me portent vers le meilleur. »

« Chacune de mes pensées et paroles contribue à m'aligner avec ma vérité la plus haute. »

« Grâce au tri intérieur de mes pensées, j'invite en moi, dans mon temple, les sphères les plus hautes. Je me relie aux plus beaux sentiments et me laisse traverser par ces vibrations. »

6

Créatrice de pensées !

Tu es incollable sur la loi d'attraction et récites à longueur de journée des pensées positives pour attirer ce que tu désires dans ta vie, et pourtant... tu commences à t'impatienter et à désespérer, car rien ne se produit ! Reprends les bases et commence par clarifier ta réelle intention afin qu'elle prenne sa source dans ton cœur, et non dans tes peurs.

La clé pratique

L'intention donne la direction à tes pensées, mais il est essentiel qu'elle prenne sa source depuis l'espace de ton cœur.

Je te propose aujourd'hui de clarifier la source de ton intention afin de l'affiner et d'ajuster ton énergie.

Note dans ton carnet toutes les intentions que tu as pour toi-même en ce moment (pro, perso, relationnel, intime).

À présent, choisis une intention à clarifier.

Mets-toi dans une position confortable.

Ferme les yeux.

Dépose ta conscience dans l'espace de ton cœur.

Lorsque tu sens que tu t'es complètement déposé·e dans cet espace, demande à ta conscience de montrer quelle est la source de l'intention (nomme-la).

Laisse des sensations, des images, des suggestions émerger.

Ensuite, demande à l'Amour en toi quelle est sa véritable intention pour toi-même (cite la thématique ou le sujet).

Laisse des sensations, des images, des suggestions émerger.

À présent, tu y vois plus clair sur les réelles intentions de ton cœur, que je t'invite à clarifier de nouveau.

Mantras

« En étant créateur·rice de mes pensées, je crée ma propre atmosphère spirituelle dans laquelle je peux vivre et respirer. »

« En tournant mes pensées vers le divin, je réalise le divin en moi. »

« Mon énergie se centre sur ce sur quoi je me concentre. »

FAMILLE

« Self-love »

♥

I

Non, c'est non !

Alors, comme ça, on a pris l'habitude de dire OUI à tout pour être le bon copain ou la bonne copine aimé·e de toutes et tous ! Le hic... c'est qu'à trop dire OUI, tu finis par t'oublier et ne plus te respecter. Il est temps de t'affirmer, d'oser offrir ta vérité pour redevenir ta priorité. Ose dire NON, car, en le faisant, c'est à toi que tu dis un grand OUI !

La clé pratique

En conscience, prends le temps d'observer toutes les choses auxquelles tu dis OUI alors que tu n'en as pas envie.

Que fais-tu en te forçant ? Note-le dans ton carnet.

Prends le temps de te demander sincèrement pourquoi tu le fais (raisons conscientes).

Ferme les yeux.

Pose ton regard à l'intérieur et demande-toi à nouveau pourquoi tu le fais (raisons inconscientes).

Et, à présent, observe toutes les choses que tu fais sincèrement par envie. Note-les dans ton carnet.

Puis, lorsqu'un choix se présente à toi, prends le temps de ne pas choisir avec ta tête ou avec ton émotionnel (culpabilité, devoir, syndrome du sauveur), mais choisis avec ton cœur.

Je te rappelle que le cœur n'impose pas, mais suggère un sentiment de OUI ou de NON, sans aucun argumentaire... C'est OUI ou NON ! Tous les autres raisonnements, explications qui s'immiscent intérieurement proviendront d'un autre espace mental qui tente d'argumenter ou de contre-argumenter cette suggestion intérieure.

Sache que, lorsqu'on n'a pas appris à s'écouter, il est, dans un premier temps, difficile d'entendre ces suggestions.

Toutefois, comme nous sommes parfaitement guidé·e·s, je te propose un autre outil pour ressentir avec ton corps le juste choix pour toi.

Mets-toi simplement à l'écoute de ton corps :

- Que ressens-tu dans ton corps lorsque ce choix se présente à toi (= rappel) ?
- Ton corps se ferme-t-il ou s'ouvre-t-il ?

Tu vois, c'est facile puisque très binaire.

À toi de jouer maintenant !

Mantras

« J'intègre en moi que dire NON est un gage de respect envers moi-même et envers l'autre. »

« En me positionnant avec ma justesse intérieure, j'offre ma vérité à l'autre et lui rends la capacité de se positionner à son tour. »

« Je m'autorise à dire NON, car, lorsque je le fais, c'est toujours à moi-même que je dis un grand OUI. »

2

Cocooning love

Mayday, mayday, tes batteries sont à plat! Tu attends souvent des autres qu'ils respectent tes besoins et te considèrent, mais le respect commence avant tout par le fait de se l'offrir à soi-même. Il est grand temps de penser à toi et de respecter tes besoins avant ceux des autres afin de nourrir l'Amour en toi.

La clé pratique

Quelles sont les situations que tu as vécues et où tu ne t'es pas senti·e respecté·e et considéré·e ?

Note dans un carnet chaque situation.

Pour chaque situation notée, peux-tu à présent te demander ce que tu aurais pu faire pour t'offrir ce respect que tu attendais de l'extérieur ?

À présent que tu as pris conscience de tes attentes extérieures, je te propose de passer à l'action pour te l'offrir de toi à toi !

Mantras

« À partir d'aujourd'hui, je m'offre le respect que j'attends des autres, je reprends ma pleine autorité sur ma vie. »

« Je reprends la responsabilité totale et entière de ce que je vis et de ce qui me touche et me traverse. »

« En étant à l'écoute de moi-même, j'honore mes besoins, je me respecte, je respecte l'Amour en moi. »

3

Douceur

Tu aimerais de la douceur dans ce monde de brutes! Alors, il serait temps de commencer par te l'offrir à toi-même. Ce n'est pas un signe de fragilité et encore moins de faiblesse, mais une de tes plus grandes forces. Une force sur laquelle tu peux venir te reposer, t'assouplir et t'ajuster sans jugements ni condamnations. Dire OUI à la médecine de la douceur, c'est dire OUI à ton bonheur!

La clé pratique

Aujourd'hui, découvre la médecine de la douceur, qu'elle soit le centre de ton attention afin de diriger et de colorer ton énergie en ce sens.

Respire avec douceur.

Pense avec douceur.

Marche avec douceur.

Mange avec douceur.

Agis avec douceur.

Crée avec douceur.

Dis OUI à la douceur.

Vibre la douceur.

Incarne la médecine de la douceur.

Mantras

« Je m'ouvre à la puissance de la douceur,
je la laisse me traverser et m'étreindre. »

« Je dis OUI à la douceur intérieure,
je vibre et j'incarne la force de la douceur. »

« Lorsque je fais place à la douceur intérieure,
mes rigidités et ma dureté consentent naturellement
à fondre en tendresse envers moi-même. »

4

Fous-toi la paix !

Tu as mis ton costume d'adulte sérieux ? Renonces-y ainsi qu'au rapport de force que tu entretiens vis-à-vis de toi-même pour redevenir un enfant de la vie. Ton quotidien s'allège lorsqu'il n'y a plus rien à prouver ni à satisfaire auprès des autres. Écoute simplement cette présence amoureuse qui, sans chercher à comprendre quoi que ce soit, te permet d'entrevoir la juste appréhension des choses que tu vis intimement et qui te dépassent, jusqu'à t'unir et te fondre dans le délice de l'existence.

La clé pratique

Aujourd'hui, ôte ton costume d'adulte et reprends contact avec ton enfant intérieur.

Ferme les yeux.

Prends de grandes et profondes respirations.

Observe l'ensemble de ton corps et les sensations qui se proposent à toi.

Y a-t-il des tensions, des contractions, des oppressions ou, au contraire, des sensations de légèreté, d'ouverture, de plénitude ?

Prends simplement le temps d'observer ces sensations sans rien chercher de particulier.

Puis je te propose de t'imaginer dans un endroit que tu aimes, celui qui émerge dans l'instant.

Prends le temps de sentir, de toucher, de respirer l'air et les choses qui se trouvent dans cet endroit privilégié.

Puis, quand tu le sentiras, je te propose d'appeler ton enfant intérieur, la part de toi qui est toujours intacte, pure et joyeuse, l'enfant de la vie, l'enfant du divin.

Prends le temps de te connecter à sa joie pure et intacte, à sa candeur, à sa fraîcheur, à son innocence.

Ressens sa présence à tes côtés, autorise-toi à ressentir sa vibration, ses qualités.

Au cœur du cœur de ton enfant intérieur pur, lumineux, laisse son énergie t'épouser pleinement.

Et, dans les jours qui viennent, autorise-toi à reprendre contact avec cette part de toi, ton enfant intérieur et sa joie pure.

Reviens tranquillement à tes sens, à ton corps, à ta respiration.

Et, quand tu te sens prêt·e, ouvre les yeux.

Mantras

« Je m'ouvre à la légèreté et je retrouve
la légèreté d'être moi sans attente extérieure
ni besoin de reconnaissance. »

« Je suis à tout jamais un enfant divin,
alors je peux me détendre,
car je ne peux que grandir divin. »

« Je peux quitter mon personnage sérieux
et vivre les choses en conscience
avec Amour et humour. »

5

Recevoir pour donner

Toi, tu as envie de donner et d'offrir ton Amour au monde entier ! Seulement, avant de prétendre à donner quoi que ce soit, il te faut apprendre à recevoir, car on ne peut donner que ce que l'on a en soi. Voilà une clé essentielle pour laisser l'Amour te prendre et te surprendre !

La clé pratique

Aujourd'hui, joue au jeu de recevoir de l'Amour pour en donner.

Ne l'attends pas de l'extérieur, offre-le-toi par des attentions, des gestes, des mots doux, mais aussi par des vraies demandes… comme de l'aide, par exemple.

Ose demander de l'aide ! Et tu verras, le divin te répondra là où tu ne l'attends pas.

Tu connais le fameux adage « Aide-toi et le ciel t'aidera » ? Eh bien, à toi de te l'appliquer maintenant !

Mantras

« Aujourd'hui, je m'autorise à recevoir
l'Amour du divin sous toutes ses formes. »

« Je suis grand·e ouvert·e à recevoir
l'Amour du divin, car je suis Amour. »

« Je m'autorise à recevoir pleinement l'Amour ;
ainsi, je peux le donner et le faire circuler. »

6

Couronne-toi !

Donne-toi l'approbation que tu attends, approuve-toi, approuve tes choix, aie l'audace de suivre ton cœur, jette-toi tout entier·ère ; il te faut mourir à ta personnalité pour vivre libre en tant qu'âme souveraine. La lumière attend que tu sois prêt·e à te lever enfin dans toute ta splendeur pour émaner ce que tu es. Couronne-toi !

La clé pratique

Je te propose, aujourd'hui, de t'écrire une lettre d'Amour à toi-même, une lettre dans laquelle tu te prêteras serment, comme un signe d'engagement à suivre et à écouter l'Amour en toi.

Prends ta plume, et écris :

« Cher moi,

À partir d'aujourd'hui, je fais le choix de…

Je prends la responsabilité sur ma vie et je décide de…

J'honore la personne que je suis en…. »

Mantras

« Aujourd'hui, je me couronne
et je retrouve la pleine autorité de mon âme. »

« Je me reconnais comme souverain·e de ma vie,
je me reconnecte à mon être, je choisis de dire OUI
à mon essence divine. »

« À partir d'aujourd'hui, je me donne du crédit
et de l'approbation, je suis le·la gardien·ne
de ma paix intérieure, je suis la lumière de ma vie. »

FAMILLE
« 100 % intuition »

I

Antenne ouverte, je te reçois 5/5 !

Tu es en pleine réception de l'influence de ton âme ! Bravo ! Ton mental s'est transformé en mental divin qui te permet de suivre scrupuleusement les suggestions de ton âme. Tu ressens ce qui est juste, et cette justesse trace ton chemin. Tu deviens ce pilier de lumière que rien ne peut ébranler.

La clé pratique

Tes intuitions peuvent se manifester sous différentes formes. Aujourd'hui, amuse-toi avec ton intuition, écoute toutes les suggestions de ton âme en repérant ses manifestations à travers tes différents corps et identifie ton canal ou tes canaux de prédilection.

Note tes manifestations au travers de ton corps mental (suggestion intérieure, éclair de génie, fulgurance).

Note tes manifestations au travers de ton corps sensible (sentiment de joie, couleurs vives, musique).

Note tes manifestations au travers de ton corps physique (sensation d'ouverture, de chaleur, de dilatation).

Mantras

« Je ne laisse entrer dans mon temple intérieur
que les pensées suggérées par mon âme. »

« Je laisse mon âme gouverner mes pensées,
ainsi, je sais et je ne questionne plus. »

« Je ne trouve pas la vérité
et la justesse par le raisonnement,
mais par l'écoute des inspirations de mon âme. »

2

Canal brouillé

Tu préfères écouter les autres plutôt que tes propres idées, et cela brouille ton canal ! Je te conseille d'augmenter dès à présent le volume de ta petite voix intérieure pour pouvoir l'entendre aisément. À toi de jouer ! Vas-y, monte le son !

La clé pratique

Aujourd'hui, je t'invite à renouer avec l'écoute de ta petite voix intérieure.

Petit rappel :

- La voix de ton âme ne fait pas de bruit, elle est silencieuse.
- Elle n'impose pas avec un argumentaire, mais suggère.
- Elle te parle au présent.
- Toutes les autres voix ne sont donc pas ta petite voix.

Ensuite, voici la marche à suivre :

1. Fais le vide dans ton mental (voir carte « Mental en surchauffe »).
2. Apaise le bruit de ton émotionnel (voir carte « Montagnes russes »).
3. Apprends à écouter ta petite voix derrière le bruit.
4. Si tu hésites encore quand tu as un choix à faire, choisis la première chose qui te vient à l'esprit, sans réfléchir à celle qui te met le plus en joie.
5. Sois patient·e, persévère, accepte de te tromper et souviens-toi que la grâce est toujours avec toi.

Mantras

« Je renoue avec ma petite voix intérieure
qui me suggère sans jamais rien m'imposer. »

« Je donne pleine autorité à ma petite voix intérieure
et je retrouve cette union sans limites avec mon âme. »

« Je fais résonner ma petite voix intérieure
pour que chaque cellule de mon être s'ouvre
et reçoive sa vibration. »

3

Inspiré·e ! Que dis-je ? Illuminé·e !

C'est une déferlante d'idées sur toi en ce moment ! Tu es hyperconnecté·e, créatif·ive et inspiré·e.

Ce moment est opportun pour avancer vers ce qui t'est destiné, et comme ta conscience te l'a suggéré, c'est que tu en es capable. Alors, lâche toutes tes préoccupations et détends-toi. Tout est aligné pour t'aider. Laisse-toi porter !

La clé pratique

Ici, je te propose de te laisser danser avec ton énergie créatrice afin qu'elle se pose à l'intérieur de toi.

1. Choisis une musique que tu aimes pour danser « l'énergie créatrice ».
2. Relie-toi à l'intention suivante : « Je prends contact avec mon énergie créatrice, mon feu intérieur, et je laisse circuler mon énergie créatrice. »
3. Dépose ta conscience dans ton *hara* et commence par réaliser des petits mouvements de bassin d'avant en arrière ou bien en cercle, selon ton inspiration.
4. Puis, quand tu le ressentiras, relie-toi à ton feu créateur, à ta force créatrice qui se pose dans ton *hara* et laisse ton énergie créatrice danser et s'exprimer à travers ton corps.

Mon petit plus pour toi : il n'y a pas de bons mouvements à faire, mais simplement à se mettre à l'écoute de son corps pour laisser le mouvement être et se laisser danser.

Mantras

« Je reprends contact avec mon énergie créatrice et mon feu intérieur. »

« J'incarne pleinement ma force créatrice, j'ai foi en ma capacité de créer et de jouir de la vie. »

« J'accueille les inspirations de mon âme au cœur de mon ventre et je me laisse traverser par elles. »

4

Imagine !

Tu te sentiras plus facilement porté·e par ton idéal si tu te laisses l'imaginer. L'imagination est une porte que j'utilise pour te relier à tes plus grandes aspirations et par laquelle je te pousse à te réaliser. Ose rêver grand, ouvre-toi au pouvoir de l'imagination, car tu es venu·e incarner cet imaginaire.

La clé pratique

Aujourd'hui, je te propose de réveiller ton pouvoir d'imagination.

Prends le temps d'imaginer ta vie idéale, ton « toi idéal ».

À quoi cela ressemblerait-il ?

Où vivrais-tu ?

Qu'est-ce qui ferait grandir ton Amour et l'animerait au quotidien ?

Comment te sentirais-tu ? Quelles seraient tes pensées, ta manière d'être, d'agir ?

Autorise-toi à tout imaginer sans retenue.

Laisse cet idéal t'habiter, te modeler en t'y reconnectant quand tu en ressens le besoin et l'envie.

Mantras

« Je m'ouvre à mon pouvoir d'imagination
et me centre sur la vérité la plus haute. »

« Je prends conscience que mon imagination
a le pouvoir de me transformer,
aussi, je la laisse me modeler. »

« Mon imagination m'ouvre le chemin
de ma réalisation. »

5

Aspire !

Tu as la sensation que la porte de ton cœur est fermée ? C'est faux ! Par une simple et sincère aspiration accompagnée de son action assurée, tu peux ouvrir une porte encore scellée et trouver ce quelque chose qui changera toute la signification de ton existence et répondra à toutes tes questions. Aie foi en la vie, en ton Amour de la vie, et laisse jaillir de ton cœur la réponse à ce besoin du moment : à quoi mon cœur aspire-t-il ?

La clé pratique

Aujourd'hui, relie-toi à ton aspiration et laisse l'Amour t'inspirer.

Ferme les yeux.

Prends de grandes et profondes respirations.

Pose une ou tes deux mains sur ton cœur, tout en déposant ta conscience dans l'espace de ton cœur, et demande-toi avec la plus grande sincérité : « À quoi j'aspire ? À quoi j'aspire sincèrement, ici et maintenant ? »

Laisse venir à toi des sensations, suggestions, images.

Reste au cœur de cette aspiration le temps qu'il te faut.

Et, dans cette aspiration, aspire divin et laisse-toi inspirer par le divin...

Puis reviens en douceur dans ton corps.

À toi de jouer à présent, suis tes inspirations du moment !

Mantras

« Je laisse l'aspiration œuvrer en moi
et appeler la réponse de ce à quoi j'aspire. »

« Mon aspiration monte chaque jour vers le divin
et j'entre dans l'immensité de ma lumière. »

« J'aspire divin et je me laisse inspirer par le divin. »

6

Vision

Si tu ressens un élan en toi-même, un appel à créer, à construire quelque chose de nouveau qui n'existe pas encore ou tout simplement qui est nouveau pour toi, je ne peux que te suggérer de suivre ton élan et de t'ouvrir à ta vision la plus grande. Souviens-toi que la merveille des pionniers, c'est qu'ils vont dans « RIEN » et que cela devient quelque chose par leur passage.

La clé pratique

Je te propose de laisser pleinement place à ton inspiration et à ton énergie créatrice en réalisant un *vision board* de cet appel intérieur que tu as réceptionné.

Objectif principal : manifester cet appel intérieur.

Support : une grande feuille de papier, un tableau en liège, un fond d'écran, un fichier numérique ; tous les formats sont possibles tant qu'ils te conviennent, mais n'oublie pas qu'ils doivent rester visibles.

Éléments visuels : récupère le maximum d'éléments visuels à partir de magazines, de photos, d'images représentant toutes tes idées pour les disposer sur ton support.

Confection : à toi de jouer ! Une fois tous les éléments visuels récupérés, il suffit de les disposer pour qu'ils illustrent l'objectif principal.

Désormais, il est important de disposer ton *vision board* à un endroit où il est visible chaque jour pour l'avoir sous les yeux et pour qu'il joue son rôle de motivateur !

Pour mieux s'imprégner du *vision board*, il est possible de lire à haute voix les mots et les citations qui y figurent, d'observer attentivement les photos et les images. C'est un processus qui permet de mieux s'immerger et de ressentir pleinement les effets du *vision board* pour atteindre l'objectif fixé.

Mantras

« Je m'ouvre à la vision la plus grande
et la plus haute de moi-même. »

« J'accepte d'être un·e pionnier·ère
et j'offre ma grâce, mon cadeau au monde. »

« Je fais pleinement confiance
à mon potentiel visionnaire. »

À propos de l'auteure

Formatrice, autrice, Alexandra est dotée depuis son enfance de capacités extrasensorielles développées.

Depuis plus de dix ans, elle mêle ses expériences de femme et mère hypersensible à sa pédagogie moderne, pour accompagner les femmes spirituelles et les aider à incarner leur plein potentiel multidimensionnel sur Terre et au sein de leur famille.

Au cœur de sa médecine, tu y trouveras l'Art, la créativité et l'expression sous toutes ses formes à travers la danse alchimique, le chant intuitif, l'écriture, le dessin, les guidances, les soins et la méditation.

Elle est également la créatrice d'un concept d'ateliers spirituels pour enfants « Je suis une étoile et toi aussi » qui sont animés par des ambassadrices en France et à l'étranger.

alexandracelerault.com

@alexandra.celerault • @jesuisuneetoileettoiaussi

Alexandra Célérault

À propos de l'illustratrice

Steffi est illustratrice. Son univers coloré s'inspire de différents artistes qui l'ont influencée tout au long de sa vie.

Avec sa propre identité graphique, elle souhaite transmettre un grand panel d'émotions et d'atmosphères à travers ses dessins souvent saupoudrés d'humour.

@steffi.art

pca
cmb
édition pré-presse
livres numériques

44400 Rezé